"VERSIONE PYTHON: DIVENTA IL MIGLIORE NELLA CODIFICA"?

Contenuto

3

4

Cos'è Python?

Python è un linguaggio di programmazione sofisticato, flessibile e complesso noto per la sua semplicità e comprensibilità. Il ragionamento planare di Python enfatizza la coerenza del codice e consente agli sviluppatori di comunicare idee in meno righe di codice rispetto a dialetti come C++ o Java. Dispone di un'enorme libreria standard che supporta vari progetti di programmazione, rendendolo una soluzione popolare per molte applicazioni.

Perché imparare Python?

Ci sono alcuni motivi convincenti per imparare Python:

Facilità di apprendimento: la struttura linguistica semplice e la chiarezza di Python lo rendono la scelta ideale per i principianti. Imparare Python è spesso una via d'accesso allo sviluppo di idee di programmazione.

Versatilità: Python può essere utilizzato per lo sviluppo web, il recupero di informazioni, l'intelligenza artificiale, il calcolo logico e molto altro. La sua adattabilità permette di praticare diversi tipi di attività.

Enorme gruppo di personale e librerie: Python ha un gruppo locale ampio e dinamico di ingegneri. Ciò significa che hai varie biblioteche e risorse per aiutarti nei tuoi sforzi.

Attrattiva: le competenze Python sono popolari nel mercato dei concerti. Molte organizzazioni e aziende tecnologiche utilizzano Python, quindi l'apprendimento di questo linguaggio può aprire le porte a vari campi di carriera.

Introduzione a Python

Per fare cose con Python, ti consigliamo di portarlo sul tuo PC. Ecco i principali progressi:

Verifica: dopo la configurazione, apri il riepilogo dei comandi o il terminale e digita "python" per confermare che Python è stato inserito correttamente. Dovresti controllare la smart shell Python.

Selezione di un clima di miglioramento coordinato (IDE)
Un IDE è essenziale per scrivere ed eseguire correttamente il codice Python. Di seguito sono riportati alcuni IDE Python ben noti:

• PyCharm: sviluppato da JetBrains , PyCharm è un IDE ricco di funzionalità con un solido supporto per migliorare Python. Fornisce l'ispezione del codice, la risoluzione dei problemi e il confronto con i sistemi web più diffusi come Django .

• Visual Studio Code: Visual Studio Code è un controllore di codice leggero e flessibile di

Microsoft e supporta Python con varie estensioni. È estremamente adattabile e versatile.

• Jupyter Journal: ideale per i ricercatori informatici, Jupyter Note Pad offre un'atmosfera intuitiva per scrivere ed eseguire codice Python. È fenomenale per esaminare e percepire le informazioni.

• Spyder : Supponendo che tu sia interessato al calcolo logico e al recupero delle informazioni, Spyder è un IDE open source per la logica Python.

• La scelta dell'IDE giusto dipende dalle tue esigenze e preferenze particolari. Pensa ai requisiti del tuo compito, alla tua conoscenza di EDI e a qualsiasi cosa aggiuntiva di cui potresti aver bisogno.

Iniziare con Python

Python è un linguaggio di programmazione flessibile, giovane e accomodante. La sua chiarezza e i molteplici usi lo rendono una scelta fantastica per i programmatori principianti. Quando inizi, una delle cose più importanti è creare il tuo primo programma Python. Dovremmo indagare su questo.

5. Il tuo programma Python più memorabile

Creare il tuo programma Python più memorabile è un passo affascinante. È come la prima pennellata di un nuovo inizio. Ecco un programma Python di base che stampa "Hello, World!" " sullo schermo :

pitone
Codice duplicato
print("Ciao a tutti!")
In questo codice, print è una funzione Python implicita che stampa il testo. Il testo appare sullo schermo, racchiuso in due frasi. Una volta eseguito questo programma, vedrai "Hello, World!" » stampato nel risultato.

Fattori e tipi di informazioni

I fattori sono fondamentali in qualsiasi linguaggio di programmazione. Permettono di archiviare e controllare le informazioni. Python supporta diversi tipi di informazioni, rendendolo uno strumento flessibile. Ecco un modello:

```
pitone
Codice duplicato
# Parla e distribuisci una variabile
Nome = "Alice"

# Mostra variabile
print( "Mi chiamo" + nome)
```

In questo codice, Nome è una variabile che memorizza una stringa (testo). Utilizziamo quindi la funzione print per collegare questa variabile a un altro messaggio per formare una frase complessiva.

Amministratori in Python

Gli amministratori sono immagini che eseguono procedure su fattori e valori. Python offre diversi tipi di amministratori come: B. giocoleria con i numeri, esami e amministratori intelligenti. Dovremmo esaminarne alcuni:

pitone
Codice duplicato
un = 5
b = 2

# Amministratori di matematica
somma_risultato = a + b
Contrasto = a - b
Articolo = a * b
Divisione = a/b

```
# Amministratori di correlazione
è_uguale = a == b
è_maggiore = a > b


# Amministratori coerenti
logical_and = Valido e falso
logical_or = Valido o falso
non_logico = Falso
```

Con questi amministratori puoi eseguire calcoli numerici, analizzare valori e prendere decisioni nei tuoi progetti.

Commenti e documentazione

Come saggista, riconoscerai il valore dell'importanza degli appunti e della documentazione. Aiutano a rendere il tuo codice più significativo, sia per te stesso che per le altre persone che potrebbero leggerlo. In Python, le annotazioni vengono create utilizzando l'immagine #:

pitone
Codice duplicato
Questo è un commento su una sola riga

```
"""
È un
commento su più righe
"""
```

```
# Capacità con una stringa di documento
def mia_funzione ():
"""
```

Questa capacità porta a qualcosa.
Non c'è bisogno di obiezioni.
"""

arrivare
Le note forniscono informazioni su cosa fa il tuo codice e le stringhe

forniscono dati dettagliati su funzioni e moduli. Una documentazione affidabile è fondamentale nel campo della programmazione.

Articolazioni restrittive (if, else, elif):

I proclami restrittivi sono un elemento centrale della programmazione. Ti consentono di fare delle scelte nel tuo codice. Le istruzioni "In case" controllano se una determinata condizione è valida e, supponendo che lo sia, viene eseguito un blocco di codice. "else " viene utilizzato per indicare l'attività elettorale quando la condizione della dichiarazione "if" è fuorviante. " elif " è un altro modo di dire "altro se" e permette di esaminare nel dettaglio diverse situazioni. Ad esempio, puoi utilizzarli per monitorare l'avanzamento del tuo programma alla luce del feedback dei clienti o di circostanze specifiche relative alle tue informazioni.

Cerchi (per, durante):

I cerchi vengono utilizzati per riscaldare una serie di direzioni in diverse occasioni. I cerchi "Per " vengono spesso utilizzati quando sai quanta concentrazione devi fare. Possono ripetersi su un intervallo di valori o componenti di un assortimento, ad esempio in una panoramica. I cerchi "While " vengono utilizzati nuovamente quando è necessario rielaborare un blocco di codice finché una determinata condizione non è valida. I cerchi sono incredibilmente utili per attività come ripetere informazioni, fare stime o robotizzare attività noiose.

Prendetevi una pausa e continuate i proclami:
L'istruzione "Break" viene utilizzata per uscire prematuramente da un cerchio quando viene soddisfatta una determinata condizione. Ciò è utile quando è necessario fermare un cerchio prima che raggiunga la sua fine abituale. "Continua " consente di ignorare il ciclo corrente di un cerchio e passare a quello successivo. Queste affermazioni sono utili per personalizzare il comportamento delle tue cerchie.

Utilizzo di record e tuple:
I record e le tuple sono strutture informative utilizzate per memorizzare varie cose. I set di dati sono variabili, il che significa che puoi aggiungere, rimuovere o modificare i componenti. Le tuple,

invece, sono permanenti e quando le crei non puoi modificarne gli elementi. Vengono utilizzati per archiviare informazioni correlate, semplificando l'utilizzo delle raccolte di valori nel codice.

Lavorare con riferimenti Word:

I riferimenti alle parole sono coordinate chiave che consentono di archiviare e ripristinare le informazioni utilizzando una chiave specifica. Sono incredibilmente adattabili e preziosi per attività quali il mantenimento delle impostazioni di configurazione, la pianificazione delle informazioni o la creazione di visualizzazioni di informazioni più organizzate.

Ensemble e loro attività:

I set sono strutture informative che memorizzano componenti specifici.

Sono utili per le commissioni che implicano la rimozione di copie da un elenco di elementi o l'esecuzione di attività definite come associazione, convergenza e contrasto. I set offrono un modo produttivo per lavorare con una varietà di cose insolite.

Queste idee di programmazione sono fondamentali per lo sviluppo di tutti i prodotti e possono aiutarti a eseguire commissioni automaticamente, a prendere decisioni nel codice e a lavorare in modo efficace con le informazioni. Supponendo che tu voglia effettivamente informazioni più dettagliate su uno qualsiasi di questi punti o che tu abbia domande specifiche, basta chiedere.

Abilità caratteristiche:

Le funzioni sono blocchi di codice riutilizzabili che eseguono un'attività specifica. Ti consentono di suddividere il codice in parti più piccole e più sensate. Quando si caratterizza un'abilità, è necessario pensare ad alcuni elementi chiave:

Nome funzionalità: scegli un nome descrittivo che rappresenti il motivo della funzionalità.

Parametri: le funzioni possono accettare limiti di input, che sono fattori su cui opera la funzione.

Capability Body: qui è dove scrivi il codice effettivo che esegue la funzione.

Valore di ritorno: le abilità possono restituire un valore dopo l'esecuzione.

Riporta i limiti e le statistiche delle abilità:

Le limitazioni sono fattori che ti caratterizzano quando valuti un'abilità. Fungono da segnaposto per le qualità che specifichi quando invochi l'abilità.

I valori restituiti vengono utilizzati per restituire informazioni da una funzione al codice chiamante. È possibile utilizzare l'istruzione return per determinare il valore che la funzione dovrebbe restituire.

Estensione e durata dei fattori:

L'ambito si riferisce al parametro a cui è possibile accedere a una variabile. I fattori possono essere di natura locale o globale.

I fattori di prossimità sono caratterizzati all'interno di una capacità e sono semplicemente aperti all'interno di quella capacità.

I fattori globali sono contrassegnati oltre ogni possibilità e possono essere raggiunti durante il programma.

Lavorare con i moduli:

I moduli sono documenti di codice Python che puoi integrare nel tuo programma per sfruttare le loro caratteristiche e fattori.

Python dispone di un'ampia libreria standard di moduli per varie attività, come Math per attività numeriche e Date/Time per lavorare con date e orari.

Puoi creare i tuoi moduli per coordinare il tuo codice e renderlo riutilizzabile. Per utilizzare un modulo, importarlo utilizzando l'istruzione import.

Inclusione di librerie esterne:

Oltre ai moduli, puoi anche importare librerie esterne che estendono le capacità di Python.

Le librerie più note includono NumPy per la registrazione matematica, Pandas per il controllo delle informazioni e Matplotlib per la percezione delle informazioni.

Per utilizzare una libreria esterna, in genere la introduci utilizzando un gestore di bundle (ad esempio Pip), quindi importi funzioni o classi specifiche dalla libreria per la tua attività.

Funzionalità e moduli sono essenziali per organizzare il codice, migliorare la riusabilità e mantenere coordinati i tuoi progetti. Padroneggiando queste idee, sarai in grado di scrivere un codice più potente e utilizzabile nel tuo lavoro di saggista ed editore . Se hai domande specifiche o hai bisogno di maggiori informazioni su uno qualsiasi di questi argomenti, fammi sapere se non è troppo disturbo.

Documentare quanto segue:

La gestione dei dati è una parte centrale della programmazione del PC ed è fondamentale per una varietà di applicazioni, tra cui la creazione e la distribuzione. Nel tuo lavoro, devi lavorare con i documenti il più spesso possibile, sia per archiviare testo, immagini o altre informazioni. E se separassimo le basi:

Revisionare e scrivere documenti:

Comprendere i record: per sfogliare le informazioni in un documento in Python, puoi utilizzare la funzione open(). Ecco una panoramica di base su come leggere un documento di testo:

pitone
Codice duplicato
con open('filename.txt', 'r') come documento:

```
contenuto = file.read ()
```
Potrai quindi controllare e far circolare la sostanza nei tuoi progetti di composizione e distribuzione.

Creazione di documenti: per creare o personalizzare documenti, è possibile utilizzare la funzione open( ) con la modalità "w". Per esempio:

pitone
Codice duplicato
con open('new_file.txt', 'w') come set di dati:
Ciò è utile per archiviare i risultati del tuo lavoro, come articoli o libri distribuiti.

Supporto per casi speciali:

Tenere conto delle eccezioni è importante per scrivere codice solido e tollerante agli errori. Ti aiuta ad affrontare problemi imprevisti che possono sorgere durante l'esecuzione dei tuoi progetti. Ecco una panoramica:

In Python, puoi utilizzare tentativi e sottoblocchi per gestire le eccezioni senza problemi. Per esempio:

pitone
Codice duplicato
Prova :
   Voto = 10/0
tranne ZeroDivisionError come e:
   print(f" Si è verificato un errore: { e}")
Ciò garantisce che il tuo codice non si blocchi a causa di errori imprevisti.

Lavorare con le informazioni JSON:

JSON (JavaScript Item Documentation) è un design comunemente utilizzato per lo scambio di informazioni. Come saggista ed editore, puoi utilizzare

JSON per gestire le informazioni organizzate. Come lavorare con JSON in Python:

Per leggere le informazioni JSON da un documento:

pitone
Codice duplicato

```
importare json

con open(' data.json ', 'r') come documento:
    informazioni = json.load (file)
```

Potrai quindi accedere e controllare le informazioni per vari scopi nella tua azienda.

Per comporre informazioni su un record JSON:

pitone
Codice duplicato

```
informazioni = {'nome': 'John', 'età': 30, 'città': 'New York'}
con open(' output.json ', 'w') come documento:
```

json.dump (dati, documento)

Ciò è utile per conservare e condividere dati organizzati.

Prologo dei corsi e degli articoli:

La programmazione organizzata a oggetti (OOP) ruota attorno all'idea di classi ed elementi. Una classe è simile a un progetto per la creazione di oggetti. Gli oggetti, invece, sono esempi di classi e contengono sia informazioni (caratteristiche) che tecniche (abilità). Le classi e gli elementi aiutano a comporre e visualizzare gli elementi reali nella programmazione.

Costruttori e distruttori:

I costruttori sono tecniche eccezionali nelle classi utilizzate per introdurre oggetti man mano che vengono creati. Descrivono come dovrebbe essere strutturato un articolo, compresi gli elementi introduttivi ai crediti. I designer svolgono un ruolo fondamentale nel garantire che gli articoli siano sempre in perfette condizioni. I distruttori, invece, vengono utilizzati per ripulire risorse o eseguire attività importanti quando un elemento non è assolutamente necessario.

Ereditarietà e polimorfismo:

L'ereditarietà è un'idea fondamentale dell'OOP che consente a una classe di acquisire le caratteristiche e le strategie di un'altra classe. Promuove il riutilizzo del codice e la creazione di ordini di classe. Il polimorfismo, invece, è la capacità di classi diverse di rispondere ad una strategia simile in modo chiaramente definito per la propria esecuzione. Ciò migliora l'adattabilità dei piani dei quadri di programmazione.

Incarnazione e riflessione:

L'illustrazione implica la combinazione di informazioni (qualità) e tecniche (lavori) che elaborano queste informazioni in una singola unità, cioè una classe. Ciò protegge le informazioni da accessi e modifiche non autorizzati.

La deliberazione, d'altro canto, è il modo più comune di affrontare una realtà complessa, dimostrando lezioni alla luce dei crediti e dei comportamenti di base nascondendo sottigliezze superflue.

Questi punti sono fondamentali nel campo della programmazione e comprenderli bene ti aiuterà a creare contenuti che istruiscano e informino i tuoi lettori sugli standard della programmazione organizzata per elementi. Se desideri informazioni più complete su uno qualsiasi di questi argomenti o hai domande specifiche, non esitare a contattarci.

Comprendere l'elenco:

Le distinzioni di elenco sono una strategia minima per creare record in Python. Ti danno la possibilità di creare una panoramica più ampia applicando una pronuncia a qualsiasi cosa in un iterabile corrente (ad esempio once , una tupla o una stringa). Ad esempio, puoi creare una panoramica dei riquadri da 1 a 10 utilizzando un riepilogo determinando:

pitone
Copia il codice
Quadrati = [x**2 per x nell'intervallo (1, 11)]

Capacità Lambda:

Le abilità Lambda, comunemente note come abilità oscure, non sono quasi nulla, abilità a linea singola senza nome. Vengono generalmente utilizzati quando è effettivamente necessario liberare capacità per un breve periodo di tempo. Ad esempio, puoi utilizzare le funzionalità Lambda per ordinare un riepilogo delle tuple che si dividono continuamente:

pitone

I decoratori in Python ti consentono di personalizzare il funzionamento delle abilità o delle procedure senza modificarne il codice. Vengono regolarmente utilizzati per attività quali la tenuta dei registri, la conferma o la memorizzazione . Puoi creare un decoratore descrivendo un'abilità che riconosce un'altra abilità diversa dal conflitto. Ecco una chiara rappresentazione di un decoratore:

pitone

Copia il codice

```
def mio_decoratore ( funzione ):
copertina def ():
    funzione ()
    print( "Succede qualcosa dopo
che l'abilità è stata invocata.")
  Riporta la coperta


@mon_decorator_ _
def saluta_ciao ():
  print( "Ciao!")


saluta_ciao ( )
```

Generatori e iteratori:

I generatori sono una strategia efficiente in termini di memoria per la creazione di iteratori in Python.

Utilizzi l'espressione yield per passare i saluti uno alla volta, permettendoti di esaminare un set di dati potenzialmente enorme senza accumulare immediatamente tutto in memoria. Ecco un modello di generatore essenziale:

pitone
Copia il codice

```
def generatore_semplice ():
    Resa 1
    Resa 2
    Resa 3

gen = generatore_semplice ()
Nota nel gene:
    stampa ( valore)
```

Ti danno il permesso di svolgere varie attività lungo il percorso. Il multithreading è adatto per attività relative all'I/O, mentre il multiprocessing viene utilizzato per attività relative alla CPU del PC. I moduli sospesi e multiprocessing di Python forniscono l'attrezzatura di base per questo.

Lavorare con i database (SQLite): SQLite è un motore di database per social media semplice e leggero comunemente utilizzato con Python. Il modulo sqlite3 consente di connettersi alle raccolte di informazioni SQLite, eseguire query e controllare i dati. Questa è una scelta eccezionale per raccolte di informazioni di piccole e medie dimensioni.

verbalizzazioni tipiche:

Le espressioni standard (Regex) sono una risorsa essenziale per organizzare la configurazione e gestire i testi. Il modulo re di Python fornisce funzionalità per lavorare con i verbi standard. Puoi utilizzare Regex per trovare, abbinare e controllare il testo utilizzando Express Patterns.

Se desideri informazioni o modelli più rapidi e accurati su uno qualsiasi di questi argomenti, chiedi semplicemente.

Prologo all'evoluzione del web

L'avanzamento Web è il metodo per creare siti Web e applicazioni Web. Comprende una serie di esercizi, dalla creazione di semplici pagine statiche ad applicazioni web complesse e uniche. Nell'era informatica di oggi, c'è un urgente bisogno di far avanzare il Web perché promuove la presenza su Internet di organizzazioni, individui e associazioni.

Python è un noto linguaggio di programmazione per il miglioramento del web grazie alla sua comprensibilità, facilità d'uso e accessibilità a solide strutture web. Due dei sistemi web Python più comunemente usati sono Django e Jar.

Framework Web Python

Django

Django è un web design Python di alto livello che segue il principio degli "stack inclusi" e fornisce una raccolta completa di strumenti e funzioni per lo sviluppo web. Ecco alcune parti critiche di Django :

Design MVC: Django segue il design Model-View-Regulator (MVC), che semplifica l'organizzazione e il supporto delle applicazioni web.

Punto di interazione dell'amministratore : Django ha un'interfaccia di amministrazione che ti consente di gestire facilmente i dati e i client della tua applicazione.

Aiuto del database di informazioni: offre un aiuto incredibile per lavorare con i database di informazioni e puoi navigare attraverso vari backbend del set di dati.

Convalida e sicurezza: Django supporta la verifica di base del client e le funzioni di sicurezza, fornendo una soluzione protetta per lo sviluppo web.

Scalabilità: Django può gestire un traffico elevato ed è adatto sia per attività piccole che grandi.

caraffa

Carafe è un sistema in miniatura, il che significa che è leggero e fornisce gli elementi fondamentali per il miglioramento della pista, offrendo agli ingegneri una maggiore personalizzazione nella selezione delle parti. Gli elementi cruciali di Jar includono:

Minimalismo: Carafe è moderato, ma esclude molti punti di forza impliciti come Django . Ciò consente ai designer di aggiungere pezzi a seconda della situazione, una decisione incredibile per progetti di piccole e medie dimensioni.

Espandibilità: il piano misurato di Carafe consente ai designer di selezionare e coordinare i pezzi necessari, rendendolo eccezionalmente espandibile.

Tool e Jinja2: Flagon include Tool per il controllo e Jinja2 per i modelli , creando un mix semplice e potente per il miglioramento del web.

Aiuto rilassante: Jar è una scelta popolare per lo sviluppo di API Serene grazie alla sua semplicità e personalizzazione.

Creazione di un'applicazione Web di base

Dovremmo iniziare creando un'applicazione web di base utilizzando Cup. In Cup, in genere fai quanto segue:

Presentare Cup: introdurre innanzitutto Flagon utilizzando pip, l'amministratore del bundle Python.

Creare un'applicazione Carafe: inizia creando un oggetto Flagon dell'applicazione.

Caratterizzazione dei corsi: caratterizza i corsi che portano a URL diversi. Ad esempio, puoi creare un corso per la pagina di destinazione ("/") e un altro per una pagina di contatto ("/contatto").

Funzioni di visualizzazione: crea funzioni di visualizzazione che vengono eseguite quando un cliente arriva a un corso specifico. Queste funzioni creano e restituiscono contenuto HTML.

Modelli: puoi utilizzare i formati Jinja2 per isolare l'HTML dal codice Python, rendendo la tua applicazione più utilizzabile.

Esegui l'app: infine, esegui l'app Flagon per aprirla da un browser Internet.

Anche se questa è solo una panoramica generale, dovrebbe darti un'idea di come è lo sviluppo web con Python e Cup. Se sei interessato a un esercizio didattico passo passo o desideri esplorare una prospettiva particolare in modo più approfondito, faccelo sapere.

Investigazione e percezione delle informazioni

Nel tuo lavoro di saggista e scrittore, puoi utilizzare l'esame e la percezione delle informazioni per migliorare il tuo lavoro in diversi modi. Qui esaminiamo l'importanza e l'utilità pragmatica di queste abilità:

per acquisire conoscenze sui pregiudizi e sugli aspetti socio-economici dei tuoi lettori . Esaminando le informazioni associate al tuo materiale, puoi personalizzare la tua composizione per un'associazione più probabile con il tuo gruppo di interesse.

Miglioramento dei contenuti: dispositivi come Panda ti consentono di esaminare le metriche sulle prestazioni dei contenuti. Ciò ti consente di identificare gli argomenti che risuonano maggiormente con i tuoi lettori , permettendoti di creare contenuti davvero accattivanti e importanti.

Modelli di immagine: Matplotlib e Seaborn sono strumenti preziosi per rappresentare visivamente le informazioni. Puoi utilizzarli per visualizzare modelli, sondaggi e metriche nelle tue distribuzioni, rendendo i dati complessi più accessibili ai tuoi utenti .

Leadership nel settore editoriale indipendente: in qualità di operatore di marketing, la ricerca di informazioni può influenzare le tue decisioni di pubblicazione. Esaminando le recensioni degli utenti , il traffico del sito e le informazioni sulle offerte, puoi prendere decisioni informate su cosa distribuire e promuovere.

Lavorare con DataFrames (Panda)

Pandas è una potente libreria di controllo delle informazioni. Nel tuo lavoro, puoi usare i panda per:

Pulire e preelaborare le informazioni: prima di distribuire report o articoli, potrebbe essere necessario pulire e preparare le informazioni. Pandas lavora su questa interazione, facendoti risparmiare tempo e garantendo che le informazioni siano accurate.

Mescolare informazioni: se raccogli informazioni da fonti diverse, Panda può aiutarti a coordinarle e scomporle in modo efficiente.

Creazione di set di dati personalizzati: Pandas ti consente

di creare set di dati personalizzati per la revisione dei contenuti e l'età. Ciò può essere particolarmente utile per gli articoli basati sulle informazioni.

Percezione dell'informazione (Matplotlib e Seaborn)

Matplotlib e Seaborn sono strumenti fondamentali per trasformare le informazioni in contenuti visivamente accattivanti:

Infografica: crea infografiche utili per migliorare i tuoi articoli e rendere le informazioni complesse più significative.

Grafici e diagrammi: immagina metriche e modelli con diversi tipi di grafici, come grafici a barre, grafici a linee e grafici delle perdite.

Mappe di calore : utilizza le mappe di calore per mostrare connessioni o esempi nelle tue informazioni.

Test e indagini

Sebbene non sia direttamente correlato alla creazione e alla distribuzione, conoscere i test e la risoluzione dei problemi può essere utile:

Test unitari con PyTest : i test unitari garantiscono il tipo di dispositivi di programmazione che puoi utilizzare nel tuo lavoro, come: B. scrivere e distribuire programmi o fasi del sito. Ciò può evitare problemi imprevisti che potrebbero interrompere il processo di lavoro.

Procedure di risoluzione dei problemi: sapere come identificare e determinare i problemi nel mix di vendita o nella programmazione può farti risparmiare tempo ed evitare insoddisfazione.

Nel complesso, l'analisi delle informazioni, la percezione e alcune informazioni sui test e sulla risoluzione dei problemi possono aiutare notevolmente la tua carriera di saggista e scrittore. Queste competenze possono aiutarti a creare contenuti veramente coinvolgenti, concordare decisioni basate sulle informazioni e lavorare sulla natura generale del tuo lavoro.

PEP 8 e codifica mostrano:

PEP 8 rappresenta la proposta di miglioramento di Python 8 ed è una guida di stile per scrivere codice Python perfetto, comprensibile e utilizzabile. Seguire le regole di Enthusiasm 8 è fondamentale per creare codice prevedibile e ben organizzato. Copre varie parti della codifica dello spettacolo, come la denominazione, lo spazio e la distribuzione dello spettacolo. Attenersi a Entusiasmo 8 migliorerà la chiarezza del tuo codice e renderà più facile per gli altri collaborare con te.

Ad esempio, Kick 8 consiglia di utilizzare nomi di fattori e abilità univoci, limitare le righe di codice a un numero ragionevole di persone e mantenere un requisito di spazio coerente di quattro spazi. Questi spettacoli aiutano a garantire che il tuo codice non sia solo utile, ma anche semplice e aggiornato.

Creazione di file eseguibili con py2exe e cx_Freeze :

py2exe e cx_Freeze sono strumenti che consentono di convertire gli script Python in file eseguibili indipendenti per Windows. Ciò è particolarmente utile quando è necessario distribuire le applicazioni Python ai client i cui framework non includono Python. Ecco alcuni punti chiave su questi argomenti:

py2exe: py2exe è un dispositivo esplicito Windows che raggruppa il codice Python con il traduttore Python di base in un unico documento eseguibile . Viene generalmente utilizzato per creare applicazioni Windows da script Python. Per utilizzare py2exe, è necessario introdurlo e progettare uno script di configurazione che specifichi quale contenuto Python modificare e come condizionare le condizioni esterne.

cx_Freeze: come py2exe, cx_Freeze è uno strumento in più passaggi per creare eseguibili indipendenti da script Python. Si rompe su Windows, macOS e Linux. cx_Freeze ti consente di congelare la tua applicazione Python in un eseguibile che può essere eseguito senza la necessità di un altro traduttore Python. La progettazione prevede la creazione di uno script di disposizione che descriva il contenuto da congelare e qualsiasi record aggiuntivo o modulo informativo da integrare.

Compilare e appropriarsi dei bundle Python:

Quando si tratta di creare e distribuire pacchetti Python, è importante per il test e la distribuzione comprendere il processo di raggruppamento e distribuzione. Ecco una panoramica:

Creazione di un bundle: per creare un bundle Python, ordini il codice in una struttura separata utilizzando registri regolari e documenti Python. Avrai anche bisogno di uno script setup.py che rappresenti il tuo pacchetto, le sue condizioni e altri metadati.

Distribuzione: esistono diversi modi per distribuire i bundle Python. La strategia più popolare è distribuire il bundle tramite Python Bundle Record (PyPI). Per fare ciò, devi creare un record PyPI e utilizzare strumenti come Setuptools per distribuire il tuo pacchetto. D'altra parte, puoi spingere i tuoi pacchetti attraverso quadri di controllo delle varianti, comprimere documenti o provare unioni di caricamento diretto.

Formazione e documentazione : una formazione di successo e una documentazione chiara sono i requisiti di base. L'educazione semantica (ad esempio

MAJOR.MINOR.PATCH) aiuta i clienti a comprendere le prestazioni del tuo pacchetto. La documentazione spesso inclusa con dispositivi come Sphinx rende il tuo pacchetto più facile da usare spiegandone la motivazione, l'utilizzo e l'interfaccia di programmazione.

Conclusione : in molte parti degli articoli scritti, la definizione è una sezione importante in cui si riassumono i temi centrali discussi nel testo. Per un punto relativo a Python, la decisione potrebbe fornire informazioni sui principali punti importanti, risultati o implicazioni dell'argomento che stai affrontando.

Riepilogo : un riassunto spesso comporta il ritorno alle idee o agli eventi di base trattati in una storia o in uno spettacolo. In un ambiente correlato a Python, puoi riassumere le idee chiave, i dispositivi o le innovazioni affrontate dai tuoi contenuti.

Fasi successive : guardare alle "fasi successive" può essere importante per spiegare Python. Questa sezione può riguardare ciò che i lettori o i clienti dovrebbero fare dopo aver letto i tuoi contenuti. Ad esempio, se il tuo articolo è un esercizio in classe, potresti suggerire attività o sforzi che i lettori possono provare subito.